Buch: zweite Auflage 2008

1998.

Genau in dieser Zeit entstanden die Gedichte.

Die Bilder wurden im Jahr 2000 aufgenommen.

Autor
Achim Diederich wurde 1956 in Waldsee Kreis
Speyer geboren. Er lebt heute glücklich und
zufrieden mit seiner Familie am Rande des
Schwarzwaldes.

Bibliografische Information der Deutschen Nationalbibliothek

Die Deutsche Nationalbibliothek verzeichnet diese Publikation in der Deutschen Nationalbibliografie, detaillierte bibliografische Daten sind im Internet über http://dnb.d-nb.de abrufbar

Herstellung und Verlag: Books on Demand GmbH, Norderstadt

ISBN-13: 978 – 3 – 8370 – 0802 - 9

Lorin,

Danke für Deine

Liebe

Achim Diederich

L o r i n

Liebe, Sex und Poesie

Herstellung und Verlag
Books on Demand GmbH, Norderstedt

Inhaltsverzeichnis

Der Aufbruch

Leben, Liebe, Tod und Teufel.
Du hast mich, ich habe Dich,
die Kinder haben uns.
Unsere Liebe macht uns stark.

Nehmen die Kinder an der Hand,
lassen liegen, alles stehen,
egal ob wunderschön!
Auf den Zug, wir springen auf,
fahren mit glühend heißen Rädern
durch leuchtend Sternennacht !
Irgendwo und irgendwann
fängt unsre schöne Zukunft an!

Neues Leben wunderbar,
bauen dort ein Liebesnest.

Leben unsren Lebensrest,
gehen niemals wieder fort.

Geburtstag

Birthday ist heut zu Gast
und ich sitz nun hier im Knast.
Nicht, daß ich den Tag sehr ehr,
nur auf die Situation bezogen,
wird mein Herz so schwer bewogen.
Familie daheim denke ich,
wird es verstehen und auch fühlen,
welche Gedanken mich bewühlen.

Birthday ist heut zu Gast
und ich sitz immer noch im Knast.
Eigenartig ungewohnt,
denke ich an meine Tochter,
die bei ihrer Mutter wohnt.
Augen, Ohren, Nase, Füße klein,
Hände fein, möcht so gerne bei ihr sein.
Kleiner Mensch kannst mich nicht hören,
fühlen, auch nicht sehen,
muss aus der Ferne mit
Gedanken zu Dir gehen.

Birthday ist heut zu Gast
und ich sitz noch immer hier im Knast.
Blumenduft, Erde riecht,
Luft geschwängert verheißungsvoll,
überall wohin ich blick, der ständig Ruf:
komm zurück, komm zurück.
Kann noch nicht gehen,
kann nur aus dem Fenster sehen.

Birthday ist heut zu Gast,
sitze immer noch im Knast.
Möchte meine Liebe herzen,
mit ihr scherzen.
Möchte schöne Dinge tun, Liebe zeigen,
sie begehren innerlich - körperlich.

Birthday war zu Gast.
Noch immer sitz ich hier im Knast.
Der Gast ist fort, leerer Ort.
Das Herz so schwer, ganz allein,
hör ich der Stille Schrei.
Tausendfach, Söldnerheere gleich,
dunkle Schatten kommen in mein Reich.
Zweifel, Fragen, keine Antwort ihre Namen,
ich muss hier fort.

Birthday war zu Gast,
sitze immer noch im Knast.
Ich laufe, renne, falle, kann mich fangen,
springe zum geheimen Ort.
Zwischen Schmerz und tausend Qual,
aus der Hoffnung tiefem Tal,
kann ich wie immer nur aus dem Fenster blicken
und Euch meine Liebe schicken.
Sehe euch Bilder gleich - ich bin reich.

Birthday war zu Gast - immer noch im Knast.

Für Celestine - Madelaine

Immer wenn ich spazieren geh,
so in Gedanken in mir drin,
sehe ich die Welt neu entstehen mit ihrem Sinn.

Big Bang, Urknalltheorie,
groß bizarr und wunderschön.
Über Berge, Auen, klare Wasser kann ich schauen.
Die Könige der Lüfte ich erblicke.
Durch warme laue Winde segeln,
sich rekeln, wunderschön.
Kinderlachen wie ein Hauch, der über
immergrüne Wiesen, Felder weht.
Fried und Freud regiert die Welt.

Alle Menschen sind nun Brüder,
alle Tiere kehren wieder.
Hunger, Krieg und Pestilenz,
sind verbannt - unbekannt.
Wälder rauschen wunderbar.
Wie die Sterne bei klarer Nacht,
ist meine Liebe zu Dir eine leuchtend Macht.
Nur - ich leuchte nicht,
nein - ich brenne lichterloh,
denn ich liebe Dich ja so.

So höre nun und lass Dich lehren,
niemals auf diese Welt kannst wiederkehren.
Darum achte, lieb und ehr die Welt als Wesen,
dass selten, rar, noch nie gewesen.
Heg und Pfleg sie deiner Liebe gleich,
denn nur sie macht Dich unendlich reich.
Auch ich hab meine Liebe ihr geschenkt –
als Dankeschön Dich bekommen,
mein Leben ist vollkommen.

Gib sie weiter, nur als Pfand –
in deiner Kinder glücklich Hand.

Der Weg

Den Weg,
den wir gemeinsam gehen,
kennen wir nicht.
Arm und mächtig,
reich und elend,
Herrscher und Beherrschte,
Jäger und Gejagte.
Alle gehen einen Weg,
Ihren Weg, unbekannt.

Viele wünschen nichts sehnlicher
als zu entrinnen,
einen anderen Weg zu ersinnen,
fort, fort, fort.

Ich will nicht entrinnen,
nirgendwo fort, nirgendwohin.

Ich will bleiben, auf diesem,
unserem Weg - bei Dir.

Denn mein Weg sehe ich deutlich
und klar, gepflastert mit den Steinen
meiner Liebe zu Dir.

Blumen umrankt,
eine Straße der Ruhe,
Sicherheit und Geborgenheit.
Du bist mein Leben.

Versuche Deine Hände zu fassen,
halt mich fest,
Kinderlachen, Friede,
Deine Liebe hüllt mich ein.

Großes Land   – unbekannt.
Weg dahin   – unbekannt.
Ziel erreichen – unbekannt.

Mit unseren Kindern an der Hand,
gehen wir den Weg entlang.

Mit jedem Schritt und Tritt,
nehmen wir unsere Liebe mit.

Ehrlich

Sinnlos, mich im Spiegel zu betrachten.
Eine Zeit der Müßigkeit.

Ganz unverhofft, nachts erwacht.
In einer Flutwelle von Liebe,
Sehnsucht nach Sex – mit Dir.
Mein Geist vom wachen Ich befreit,
nackt auf den Schwingen
des Traumes fortreitend,
giere ich nach Deinem
strammen, schönen Körper.

Alles in mir drängt und schreit,
starker Geruch von Sex,
lass Dir einen Fick verpassen!
Seltsame Wortwahl.
Unverfälscht und echt.
Alles andere wäre geheuchelt.

So du deine Liebe geisterhaft auf mich gestreut,
neuen Lebensmut mir verschafft,
neuer Tag lebenswert gemacht.
Befriedigt verstecke ich die Gedanken
im Dunkel meines Wissens.
Keiner geht verloren.
Ich schleppe sie bloß hin und her.

Hoffe auf das Irgendwann,
damit ich sie Dir zeigen kann.

Einfach Liebe

Komm, geh mit,
wir fangen uns den Zauberregen
suchen nach Alraunes Zaubersegen.

Ich zeige Dir wo die Zeit verweilt,
wie ich Dich Liebe ungeteilt.
Heftig Dir mein Pflock einschlage,
in Dein Vlies, in Dein Rain,
Deine Plage will ich sein!

Lehr mich wie Du geliebt willst sein,
wie wir uns am Boden ringen,
neues Leben bringen.
Komm, wir suchen dort wo die Winde wehen,
die unsere Liebe zu einem festen Netz verdrehen.

Noch ziehen die Sterne ihre Bahn,
die Zeit langsam nur verrinnt,
aber alle Uhren schlagen –
unsere Zeit beginnt!

Komm, gib mir Deine Hand –

uns gehört jetzt das Zauberland.

Einfach so

Da ist ein Ufer,
Land meiner Hoffnungen.
Dort lebt meine Liebe,
so nah und doch so fern.

Ein Feldweg ist zu sehen, verschwommen zwar,
aber in meiner Erinnerung ein Hort des Glücks
und langer Gespräche mit Dir – mein Leben.

Die Nächte, Spaziergänge, Sternenhimmel,
noch über das letzte Sternenleuchten hinaus,
geht meine Liebe – wann kann ich sie Dir geben?

Meine Seele ist verreist,
auf der Suche nach einem Ort,
sicher und dunkel.
Durch der Hoffnung schmale Tür,
zwängt und drängt mein Herz zu Dir.
Rufe Seele, kämpfe, Angst –
aufhalten darf mich niemand und nichts!

Da wird Dein Mund voll Lachen,
deines Körpers Glück, deine Liebe, dein Herz –
ich sehe was auf mich wartet
    – ich bringe meine Liebe zu Dir –
    – Seelenheil –
Nein, zurückbleiben muss nichts.

Einzigartig

Es tut weh,
wenn Du nicht bei mir bist,
ein tiefes Loch.
Nehme tausend Gestalten an,
versenke mich in tausend Charaktere,
empfinde tausend Qualen und Lüste,
Begierden, Triebe und Gedanken.
Bin tausend fremde Kreaturen in einer.

Ich habe Deinen Namen
immer auf meinen Lippen.
Ich spüre Deine Liebe
tief in meinem Herzen.

Ich sinke auf den Grund in Dir,
wie ein Kiesel im kalten Bach.
Ich höre Deine Stimme,
vertraue Dir und bist Du nicht da,
so rede ich in Gedanken mit Dir.
Meine Liebe wartet darauf,
vor Deine Träume gespannt zu werden.

Niemand hat Deine Augen.

Niemand hat Deine Stimme.

Niemand liebt wie Du.

Niemand auf dem Planeten dieses Sonnensystems.

Niemand in dieser Galaxis – niemand.

Du bist Einzigartig.

Angst vor mir selbst,
meinen übermächtigen Gefühlen zu Dir.
Bleib bei mir mit Deiner Schönheit,
mit Deiner Liebe.
Nimm dich nicht von mir,
ich brauche Dich,
ich liebe Dich.

Eiszeit

Es ist schon spät im Jahr.
Die Gräser erstarren vom Frost gebeugt
und erster Schnee fällt vom Himmel.
Das große Buch der Landschaft – es geht zu Ende.
Kein Vogelgezwitscher, die Drossel weis keine
Strophe mehr.
Langsam legt sich die Dunkelheit über das Land.

Schweigen – Winterzeit – Eiszeit.

Wo bist Du? Meine Seele weint,
die Gefühle erstarren.
Am Abend dann, es ist vollbracht.
Ein anderes Buch hat mich mitgenommen.
Sonne, Wasser, Liebe, laue Nächte.
Du bist da.
Meine Liebe ist gekommen.
Meine Liebe ist da,
gemeinsam Leben, das genügt.

Der Wein, den wir gemeinsam trinken wollen,
das Brot, die Früchte, hab ich selbst geholt
und wie oft habe ich Deine Augen angeschaut!
Liebe, Verlangen und Freude gesehen!

Ein Windhauch – Kühle – wo bist Du?
Meine Seele weint – die Gefühle erstarren.

Lege das Buch zur Seite.
Rief mir bloß alte Zeiten her, warm und froh,
glückliche Zeiten zu zweit,
die Welt lag in unseren Händen.
Langsam lasen wir so die Legenden von Berg und
Fluss, vom Leben und Tod, von Liebe,
Glück und Leid – wir lebten!

Meine große Liebe – was wollten wir mehr?
Traurigkeit, wende mein Blick vom Fenster ab.

Winterzeit.

Meine Seele weint – die Gefühle aber wehren sich –

Ich liebe Dich.

Endlich

Kenne Dich nun schon viele Jahr,
365 Tage - genau ein Jahr -
sind wir endlich nun ein Paar.
Hab mit Dir viel Glück gehabt,
hast eine Tochter mir gebracht.

Trotzdem hab ich Dir nie kundgetan,
was Du für mich bist und hast getan.

Du bist die Frau nach der jeder
giert und sinnt, Du weckst
Lust und Sinnesfreuden,
erotisch, sexy und verdorben,
bist Du alles was ich glaubte,
ich hab's verloren.
Mein Leben weiter,
darf mit Dir gehen,
sehe überall nur Rosen stehen.

Trotzdem hab ich Dir nie kundgetan,
was Du für mich bist und hast getan.

Mein Gefühl zu Dir ist tief und echt,
auch körperlich bist mir gerecht.
Dein Körper alabastergleich,
weckt in mir die Lust sogleich.
Fleisch gewordene Phantasie,
kann Dich brauchen, lieben immer dar,
ob Tag ob Nacht,
ob Sonne oder Regen,
ständig kann ich mich verströmen.

Trotzdem hab ich Dir nie kundgetan,
was Du für mich bist und hast getan.

Du verstehst es, forderst,
willst es auch, ist Dein eigen Brauch.
Mit Dir zu Leben,
Tag aus, Tag ein,
bringt mir den Sonnenschein.
Dies alles weis ich, mag ich –
noch viel mehr.
Oh, wie lieb ich Dich so sehr.

Trotzdem hab ich Dir nie kundgetan,
was Du für mich bist und hast getan.

Ich liebe Dich, ich sag es nun.
Ich schrei es raus,
ich schreib es auf,
will mich plagen,
will Dir endlich es nun sagen.
Wie das Pendel einer Uhr,
wie die Sonne für die Natur,
bist Du für mich –
die Liebe pur.

Will Dich nicht missen,
nicht verlieren,
will Dich behalten ewiglich,

denn ich weis – ich liebe Dich.

Es geht los

Sternschnuppen fallen,
ihr Licht flackert über gepeitschte Gewitterwolken.
Donnerschläge, Blitze zucken,
Kometen erscheinen am Himmel.

Die Ernte auf den Feldern wird von
bitterbösen Frösten vernichtet.
Flüsse, die Seen, werden zum Gefrieren gebracht.
Verhängnisvolle Ereignisse, Heimsuchungen,
Naturkatastrophen – getrübt mein Blick,
die geschundene Seele schreit.
Qual, Schmerz und unendlich Leid.
Ich bin allein.

Mein entrückter Geist,
getaucht in Fluten des Feuers,
schaudernd umringt von unendlich,
immerwährenden Eismassen!
Eingekerkert, einsam,
gejagt von rastloser Wut
 – Ungewissheit-.

Aber sterben!?
Gehen, wer weis wohin?
Daliegen, kalt, regungslos,
nie mehr lieben – und verfaulen?

Körperliche Nähe, lebenswarme
fühlende Bewegungen
  – geschrumpft zur Erinnerung -.

Nein!

Ich halte mich an Deiner Liebe,
sie gibt Kraft und Hoffnung.
Ich saug mich fest an Dir,
geh nie mehr raus.
  – ich träume -.

Werde das Leben wieder leben,
mit Dir - mit Euch.

Irgendwann.

Geständnis

Leise wehen meine Gedanken,
treiben auf dem Wasser
meiner Hoffnungen – zu Dir.

Es bricht ein Streifen Licht,
ein Flammenstrahl, nichts erblickt mein Auge,
nichts anderes sehe ich – nur Dich.

Deine Verheißungen
sind für mich wie Aphrodites Gärten,
die heute blühen und morgen ihre Früchte tragen.

Stein auf Stein,
so baue ich am Turm meiner Liebe zu Dir,
wie weiland am Turmbau zu Babel,
nie endend, da in der Höhe unendlich.

Nun von der Hoffnung,
der Lust, der Begierde gefangen,
frei von der Furcht meiner Liebe zu Dir,
durchschreite ich die Pforte,
vom Herzen frei, von Liebe erfüllt.

Die Sterne verbleichen, der Mond verglüht,
ich breche in die Morgenröte des Nichts auf,
denn ich bin überwältigt von Dir,
ich weis es wohl – oh, ich beeile mich,
Dir zu bringen mein Lieb, mein Leben.

Heut Nacht

Ich lieg im Bett wie jede Nacht allein.
Ich weis nicht wie es geschieht,
doch plötzlich rasen meine
Gedanken durch die Nacht,
wie ein Feuerball die Sterne explodieren –
heut Nacht.

Wie im Zug fahr ich dahin,
gedankengleich flieg ich zu Dir,
mit Feuerräder durch die Nacht,
keiner kann mich halten,
weis wie ich's gemacht –
heut Nacht, heut Nacht.

Bin gespannt und doch gelöst,
hör Dich lachen, lustig drehen,
sehe Dein Bild als Sternennebel
jetzt entstehen und ich weis:
Du bist mein Leben,
mein Lieb, mein Glück –
heut Nacht, heut Nacht.

Wenn ich auch allein sein muss,
bist Du immer bei mir da,
kann Dich greifen, fassen,
fühlen – wunderbar.

Fahr durch die Zukunft wie auf
Feuerräder durch die Nacht -
heut Nacht, heut Nacht.

Niemand kann mich halten,
in Gedanken bin ich bei Dir,
ewiglich und immerdar,
heulend schlaf ich endlich ein -
heut Nacht, heut Nacht.

Die Gedanken kehren heim,
erzählen die Vergangenheit,
zeigen Zukunft, Gegenwart –
heut Nacht, heut Nacht.

Ich bin immer noch allein –
doch mein Sehnen ist ein Schreien,
ich will Dich für mich allein,
kann bei Dir doch nicht sein,
bin immer für Dich da,
heute, jetzt und jede Nacht,
hast mir mein Glück gebracht –
heut Nacht, heut Nacht.

Ich lieb Dich für mich allein,
schicke meine Gedanken zu Dir heim,
küsse Dich und halt Dich fest,

lass Dich nicht mehr allein,
ertrage alle Pein,
Du bist für immer mein-
heut Nacht, heut Nacht.

Langsam kommt der Morgen auf,
die Gedanken fang ich ein,
erinnere mich an meinen Traum,
konnte Dich heut Nacht beschauen.
Liebte Dich, mein Magen fährt nun Achterbahn,
habe Schmetterlinge in meinem Bauch –
liebe Dich, es tut so weh,
erwarte sehnsuchtsvoll die nächste Nacht,
zittre, schwitze, schlaf nun ein –
heut Nacht, heut Nacht.

Endlich hab ich es vollbracht.
Meine Gedanken rasen durch die Nacht,
sehen Dich, ich freue mich,
Sterne strahlen übers Firmament.
Du bist mein Fixstern der nie verbrennt,
orientierungslos, so lieb ich Dich –
heut Nacht, heut Nacht.

Einmal kommt der Tag der Nacht,
fahr mit Dir wohin Du willst,
zeige Dir auch körperlich,
dass Du für mich die Beste, Schönste bist –
heut Nacht, heut Nacht.

Alles steht und staunend sieht,
wie ein Feuerwerk bei Nacht,
tausend Sterne leuchten unseren Weg,
in dieser Nacht, in dieser Nacht.

Du hast mir doch soviel gebracht –
heut Nacht, heut Nacht.

Hoffnung

Der Wind, er weht aus den Toren des Tages,
weht über meines Herzens Einsamkeit,
er bläst meine Gedanken zu Dir.

Liebesnächte, körperliche Begierde, Freude,
Erfüllung, Befriedigung, unsere Tochter –
bruchstückhaft entflieht mir die Erinnerung
an unsere gemeinsame Zeit und mein
einsames Herz, es welket dahin.

Weit entfernt, in der Zukunft meiner Hoffnung,
erblicke ich Dich Hand in Hand mit unserer Tochter,
höre euer Lachen, euer Herzen und Scherzen,
sehe nur Glück, bin dankbar für Deine Liebe,
für die Zeit mit Dir, für die schönen Nächte,
aus denen meine Tochter stammt.

Will laufen, rennen, springen,
möchte zu Euch mich bringen.
Über Zeit und Raum, werd es versuchen,
werd es schaffen, werd Euch erhaschen,
mit Euch lachen, lieben, weinen,
verrückte Sachen machen,
auch wenn die Elfen tanzen im Wald so weit.

Ich liebe Dich

Mein Blick läuft über Deinen Körper.
Springt über kugelförmige Brüste,
gleitet zum goldenen Hügel,
darunter lockt Unendlichkeit.
Ich liebe Dich

Über Deines Körpers modulierten Höhen,
sprüht und funkelt Deine Liebe,
gleich dem Sonnenlicht,
gewichtslos und ohne Grenzen.
Ich liebe Dich

Augenblick – Gefühl kalter Ewigkeit.
Die Stimmen werden in Schweigen fallen,
die Luft wird sich in Eis verwandeln,
alle werden wir zu Stein,
die Erde wird mit uns kreisen,
unwichtigen Schaustücken
kosmischer Wachsfiguren gleich,
niemand besichtigt, niemand betrachtet,
niemand liebt – tot.

Meine Gedanken schütteln sich,
greifen und erfassen Dich,
egal – auch wenn die Erde still nun steht,
unsre Liebe lässt sie drehen – ewiglich.
Ich liebe Dich

Das Liebesband von Dir geknüpft,
als Knäuel mit dem Wind getrieben,
verströmt den Zauber Deiner Liebe.

Planeten staunen, Sterne raunen,
ich halt mich fest, ich verwickle mich.
Ich liebe Dich

Für die Frau und Mutter, die mir gezeigt hat was
Liebe vermag. Lorin – ich liebe Dich.

Ich will

Ich will Dich lieben, deinen Körper laben.

Ich will Dich lieben, mich Dir schenken.

Ich will Dich lieben, wie mein Leben.

Ich will Dich lieben, immer geben.

Ich will Dich lieben, ohne Lohn, in langer Fron.

Ich will Dich lieben, will Dir zeigen, alles geben,

denn Du bist mein Licht, mein Weg, mein Leben.

Liebe

Hört ihr Leute und lasst euch sagen,
was in Zukunft hat sich zugetragen.
Es war einmal in ferner Zeit ein Paar,
nicht ganz jung und nicht ganz alt,
so um die Vierzig halt.

Sie kannten und begehrten sich,
kaum zu glauben aber wahr,
waren sie doch eines anderen Paar.
Der Frühling kam, der Frühling ging,
so lebten sie viele Sommer vor sich hin.
Jeder wollt den andern haben,
trauten sich aber nichts zu sagen.

Ein Zauberer kam, lies sie sich probieren,
zeigte ihnen was es heißt,
brach sodann den Bann,
sie waren sofort Frau und Mann.

Verstecken mussten sich an heimlich Orten,
denn die andren wollten morden.

Ihr Traum war einfach,
gar nicht schwier,
wollten leben so wie ihr.
Beide älter wie gesagt,
gemeinsam Kinder,
die Hoffnung lange schon verzagt.

Sie liebten sich Tag ein, Tag aus,
da trat der Zauberer alsbald ins Haus.
Er sah und sprach mit gülden Worten:
Für Eure Liebe, Euren Mut,
will ich Euch geben ein Zeichen
und für alle Zeit entweichen.

Gesagt, getan, so ist es geschehen,
nach kurzer Zeit eine Tochter ward gesehen.
Mächtig war die Freud bei jedermann,
bei Groß und Klein,
über das Wunder vom späten Töchterlein.

So nun hört und lasst Euch sagen:
 ! Liebe müsst ihr immer wagen!

Liebe, Tod und Leben

Hatte lange Zeit, hab nachgedacht,
hat mir Angst gemacht.
Zweiundvierzig, Ewigkeit,
Frau genommen, Sohn bekommen,
davon gekommen.

Endlich Liebe, Töchterlein,
Angst zerdrückt mein Herz,
großer Schmerz.
Soviel möchte ich noch mit Euch machen,
spielen, lieben, reisen, lachen,
vieles geben - einfach leben.

Will mit Dir, meiner Lieb allein,
ins Zauberland der Liebe rein.
Möchte Dich pausenlos berühren,
Dich verführen, mich Dir schenken,
meinen Zauberstab versenken.

All dies und noch viel mehr,
plötzlich kommen die Gedanken an den Tod daher.
Früher hab so nie gedacht,
den Tod so nie betracht.
Viele Dinge rasen durch mein Kopf,
armer Tropf.

Celestin so klein, so schön,
so rein, so fein, ist unser einzig Töchterlein.
Möchte sehen, noch erleben, wie sie wächst,
schöner wird und sie sodann als Frau,
von Dir noch soviel lernen kann.
Wenn sie wird, Dir als Mutter gleich –
dies ist mein Himmelreich.

Ihr seid mein Lieb, mein Treu, mein Leben,
kann der Tod etwa gleiches geben?
Doch müsst ich wählen wüsste ich –
lieber sterben als missen Dich.

Weis genau, werde alles geben,
auch mein Leben,
bedenkenlos auch früher gehen,
möchte nur gerne die nächsten Jahre sehn.

Dies Wissen ist, was mich bedrückt –
bin ich verrückt?

Magma, Vulkan, Eruption

Mein Herz ist verstrickt
in die Verlockungen Deiner Weiblichkeit.
Ich bin verzückt von
dem Blick Deiner Augen.
Mein ganzes Sein umkreist Dich.
Du bist eine Frau!
So schön, selbst Götter
wollen Dich betrachten.
Mein Blut erhitzt und wandelt sich.
Meine Lenden, hart vor Begehren,
suchen Deinen Tempel.
Magma

Erregerin meiner Lust,
ich sehe die Sonne untergehen.
Ein Farbenmeer überflutet meine Augen,
spiegelt sich auf den Zügen Deines Körpers.
Die Hitze Deiner Haut blendet mich,
dörrt mein Fleisch, ich werfe Blasen.
Wissend lächeln Deine Augen.
Vulkan

Geliebte!
Vermische Deinen Schweiß
mit den Tropfen meiner Liebesmüh!
Gib mir Deine Brüste,
Quelle meiner Begierde!
Sieh auf der Wiese,
wie der Pfauen Federn schwanken,
so stoße ich in Deinen Schoß,
vergrabe mich in Deinen Schoß,
schlürfe wie von Sinnen in Deinem Schoß!
Mit jeder Faser meiner Männlichkeit,
versuche ich die Glut in Deinem Tempel zu löschen.
Wirbelnden Fluten gleich,
ergießt sich mein Samen in die Grotte Deiner Lust!
Oh, meine schöne Geliebte!
Du bist die Göttin des Vögelns.
Eruption

Leise Melodien durchdringen mein Bewusstsein,
schwebend ziehen sie durch meine Gedanken.
Langsam wird mir bewusst, dass Du es bist –
ich liebe Dich.

Sehnsucht

Mit meinen Gedanken rufe ich nach Dir.

Denn oft fand ich heim zur Sehnsucht,
nach Deines Körpers Schönheit.

Vollkommene Attribute Deiner Fraulichkeit,
die mich schon oft erregt, zum Bersten gebracht –
intime Momente, in denen ich mich in Dir
verströmte.

Rufe sanfte Namen im Traum und Zeit,
dass er mein Atmen fortnähme und die Luft.

Nun scheint mir mehr denn je zu sterben gut,
verlöschen in der Mitternacht sonder Qual,
aus Liebe zu Dir.

Sommergedanken

Sehnsuchtsvoll durch das Fenster blickend,
sehe ich den Wolken und Wölkchen nach,
die langsam durch den sonnig Himmel schreiten.

Oh – wie gerne würde ich einige Wölkchen zupfen
und sie Dir als Zeichen meiner Liebe,
schmückend um Dein Haar Dir legen.

Wie gerne würde ich mit Dir,
versteckend faul in der Fülle
der sommerlichen Gräser liegen,
Dich riechen, fühlen,
berühren und heftig lieben.
Weil ich mich sehne, voll Liebe,
voll Sehnsucht, erfüllt von Verlangen –
so liebe was Dir kommt.

Gedanken, Gefühle, pulsierende Lust,
lass ihnen freien Lauf.
Höre nur auf die Melodie meiner Liebe,
die sanften Harmonien gleich,
ich über Dich verströme.

Nicht weiter soll reichen mein Denken,
als der Wunsch mich Dir zu schenken.

Spazagutti

Ich kann, will und möchte nicht mehr,
ohne Deine Wertschätzung,
Nähe und Berührungen,
nicht mehr ohne Deine Liebe leben.

In meinen Gedanken bist Du
für immer meine Frau.
Keine andere Frau wird
je ihre Hände nach mir ausstrecken,
kein anderer Mund wird mehr meinen Mund küssen.

Ich schenke Dir mein Vertrauen,
mein Leben, mein Körper,
Schwöre Dir ewige Liebe und Treue.

Auch wenn alle anderen schreiben,
berichten und sagen,
dass solche Bekenntnisse Kleider sind,
die man anzieht oder ablegt,
um den Vorurteilen dieser Welt Genüge zu tun,
schreie ich ihnen entgegen:

" Ich bin nackt"

Das Treffen und die Folgen

Plötzlich kam der Moment da fühlte ich,
wie sehr ich Dich begehrte und liebte.
Doch Du warst so unendlich fern,
dass ich Dich selbst und meines Daseins Sinn
nicht mehr empfinden konnte.

Als es nicht vorüber ging,
öffnete ich das Fenster weit:
Dann rief ich in die Welt:
Ich liebe Dich! Ich liebe Dich!
Mein Herz drohte zu zerspringen,
als ich Deine Antwort hörte,
die wie ein Echo zu mir rief:
Ich liebe Dich! Ich liebe Dich!

Wir säten unsere eigene Saat,
wir webten unsere eigenen Poren,
wir wölbten unseren eigenen Himmel,
wir hinterließen unsere eigenen Spuren,
wir schufen unsere eigene Sonne
  − unsere Tochter −
unsere Wonne.

Sicher ich weis es,
es gab immer schon unsere Liebe,
schon vor Anbeginn der Zeit.
Unsere Liebe hat die Kraft immer sie selbst zu sein,
auch dann noch wenn diese Welt enden würde.
Aber sie kann nicht enden.
Wenn immer sie es versucht,
wird sie von unserer Liebe besiegt.

Obwohl ich weis,
im Dunkel kann man nicht sehen,
weis ich:

Ich werde es können im Licht Deiner Liebe!

Aufgrund der Tatsache, dass ich heute 29.04.1998,
zum ersten Mal unsere Tochter in meinen Händen
halten durfte, habe ich Dir Lorin, dieses Gedicht
geschrieben. Ich möchte Dir auf diese Weise
danken und Dir meine Liebe versichern.

Wunder

Ein Wunder war es.
Anfangs banal ganz fatal - es war einmal.
Zwei Königskinder,
jeweils zu zweit vereint allein,
trafen plötzlich sich anheim.

Jeder wusste es und wollte nicht,
jeder nahm sich in die Pflicht.
So lebten sie Tag ein, Tag aus,
oftmals auch mit Graus.
Jahre kamen, Jahre gingen,
das Leben war so am verrinnen.
Plötzlich kam ganz ungewollt,
eine Lebenswoge angerollt.

Beide vierzig Jahr
und noch nicht weise,
wagten eine neue Reise.
Warfen alles über Bord,
nahmen mit was ihnen Wert
und liefen aus ihrem Leben fort.

Neues Leben wunderbar,
bisher gesehnt, nur geahnt,
jetzt endlich echt, real und wahr.

Knall auf Fall,
die Chance so klein und unscheinbar,
eine Trillion zu eins und sie schlug ein,
es kam unser Töchterlein.

Lang gegrübelt, nachgedacht
war es eine höhere Himmelsmacht?

Die Erklärung nach langem Sinnen
ein Wunder war es,
lass es uns besinnen.

Zelle 619

Der Schließer kommt, Türe auf,
neuer Tag beginnt den Lauf.
So öd und leer, so öd und leer.

Ich sehe mich um, noch alle hier,
kein Koks, kein Wein, ich bin allein.
Vier mal drei die Meter hier.

Rübensaft gleich Muckefuck,
Wasser kalt, brauch es halt.
Schließer kommt, Türe auf,
Gang im Hof, Hühnerstall.

Die Sonne hoch, Mittagszeit.
Essen lässt mich wieder Schreien.
Essen kalt, fress es halt,
Einsamkeit hat mich gekrallt.

Schöner Tag Sonnenschein,
kann nur schreien. Möchte würgen,
will nur kotzen, kann nur motzen.
Bin allein, ganz allein.

Dunkel wird es, kein Stern zu sehn.
Licht zu grell, verflucht die Zell.
Einsam denk ich mich ins Bett,
keinen Körper, keine Frau,
Samenstau.

Wispernd kriechen, sprechend
kommen die Gedanken.
Lange Nacht, feuchter Traum,
konnte schöne Bilder schauen.
Wache auf, bin allein, ganz allein.

Ein neuer Tag, öd und leer,
kommt wieder mit dem Schließer her.
Sag wie lang, sag wie lang.
Ich bin allein - ganz allein.

Zellentraum

Nachts im Bette liegen,
Gedanken emsig fliegen,
denken nur an Dich.

Wispernd kriechend, Stimmen gleich,
schleichen Bilder in mein Hirn hinein.
Sehe Dich, lachend laufen,
Gedanken gleich Dein Bild erscheinen.

Körper schemenhaft,
schöne Zeit, glücklich sein.
Schmerzen, herzen,
laufend lieben, Küsse sich
gemeinsam geben.

Kinderlachen,
Schlüssel klirrt,
Tür geht auf.

Du bist es nicht-
aus der Traum.

Zustand

Der sternengesegnete Himmel
weint furchtbringenden Regen,
es sind die Tränen meiner Liebe zu Dir.

Der Wald verwundet vom Wind,
weint totes Laub.
Mein Herzblut tränkt den Boden,
Angst isst meine Seele auf.

Warum scheint mir alles so winterlich?
Noch steht das Ende des Sommers aus
und der goldene Herbst,
noch kann ich mit Dir unsere Liebe leben.

Könnt ich Wörter benutzen wie fallendes Laub,
welch großes loderndes Feuer
ergäben meine Gedichte für Dich.
So bleibt mir nur zu sagen:

Ich liebe Dich.